AF451890

ALMANACH

DES PROVERBES,

AUGMENTÉ

Pour l'Année 1746.

Composé, supputé & calculé exactement par le
très-célebre & très-scientifique Docteur
CARTOUCHIVANDECK,
Astronome privilegié suivant les Astres.

A ANVERS,

Ruë des Quinze-Vingts, à l'Enseigne des Rats.

M. DCC. XLVI.

EPITRE

DE'DICATOIRE,

Aux yeux de Mad****

EAUX YEUX,

Vous ne devez pas trouver étrange que je vous
dédie cet ouvrage. Comme les Planettes & les Aftres
en font le principal objet, à qui pouvois-je mieux le
préfenter qu'à vous, qui êtes deux Aftres vivans, &
les feuls qui pouvez donner ici bas des jours heureux ?

Avec tant de graces, qui vous font naturelles, vous
devriez bien ne répandre que de douces influences, &
ne pas rendre tant de cœurs infortunés.

Quand on apperçoit l'Arc-en-Ciel, on fe réjoüit, à
caufe du Proverbe qui dit : *Après la pluye, le beau*
tems.

Il n'en eft pas de même chez vous. Vous ne pro-
duifez continuellement qu'orages, ruines, tempêtes

A 2

& ravages, quoique vous foyiez toujours accompagnés
de deux Arcs-en-Ciel.

Ah , que de libertés malades !
Pour Dieu, renguainez vos œillades.

Je vois bien ce que c'eft , Beaux Yeux : vous êtes
tout fiers de ce que rien ne réfifte à vos coups ; mais
j'ai trouvé un expédient qui , malgré vous, m'en ga-
rantira. Voyons un peu ce bel expédient ? Le voici.
C'eft que je me ferai Quinze-vingt, pour vous faire
enrager.

Comme il ne vous faut qu'un regard pour tout fou-
mettre , il ne me faudra que l'impoffibilité de vous re-
garder , pour rendre vains tous vos coups. Alors vous
ferez pris pour dupes , *& rira bien , qui rira le der-*
nier.

Je braverai vos traits ; j'encaguerai votre pouvoir.
Je . . . . vains projets ! Hélas ! nous fommes comme
des *Papillons* qui ne peuvent s'empêcher de s'aller
brûler à la chandelle.

Puifque c'eft un fort inévitable , prenons patience
en enrageant : fubiffons notre deftinée. *Il faut vou-*
loir ce qu'on ne peut empêcher.

Mais c'eft trop parler du pouvoir de vos charmes.
Vous n'êtes naturellement que trop fiers : fi je conti-
nuois, cela vous rendroit infuportables.

Je finis donc , Beaux Yeux, en vous affurant que ,
doux ou feveres , pitoyables ou rigoureux, je fuis ,
de votre vive & brillante lumiere , jufqu'à ce qu'elle
me tue tout - à - fait ,

Le très-humble & parfait
admirateur & adorateur,
CARTOUCHIVANDECK.

EPITRE A L'AUTEUR.

Illustre Cartouchivandeck ,
Permets à ma timide Muse
(Jeunette & petite Camuse)
De te faire un salamalec.
Par ton Almanach admirable
Tu t'es rendu recommandable :
Ton Los , au dire des Savans ,
Reluit de mille feux brillans :
Tu sais , d'une façon gentille ,
Nous mener de fil en aiguille
Sur les pas de la vérité.
Que ton nom par tout soit chanté.
Soufle - moi ta plus vive emphase.
Que sur les aîles de Pegase
Je célebre ce nom fameux ,
Qui remplit la Terre & les Cieux ;
Que pénetré , saisi d'antousiasme ,
Evitant , avec soin , hyatus , pleonasme ,
Je force , & je puis , les celestes brandons
A verser sur ton chef leurs plus gracieux dons.

Que tes vers sont pompeux ! Que ta prose est coulante !
Sages instructions , morale édifiante.
Tu sais faire aimer la vertu ;
Sous tes coups le vice abattu. . . .
Mais déja ma veine se glace !
N'est - ce point à moi trop d'audace ,
Un trop grand orgüeil de vouloir
Célebrer ton rare savoir ?
Oui , je vois mon outrecuidance ,
Et je sens mon insuffisance.
Je laisse ce projet , si rempli de travaux ,
A de plus sublimes cerveaux.
Permets-moi seulement , beau Sire ,
(Comme ci-dessus j'ai sçu dire)
D'oser te faire avec respect
Un très - humble salamalec.

PRE'FACE
Qui n'est point une Préface.

ENvain, par une humble Préface,
Un Auteur croit obtenir grace;
Car si son Livre sent la crasse
Et la poussiere de la Classe;
S'il ne vaut pas qu'on le ramasse,
Il a beau dire, quoiqu'il fasse,
Aucune chose on ne lui passe.
On le retourne, on le refface,
Sur tout l'ouvrage on fait main basse,
Le pauvre Auteur on vous repasse.
On dit : le bon homme rêvasse;
Chacun lui donne de la casse :
Pour des louanges, je t'en casse!
On le traite de savantasse;
On le conspuë, on le harrasse :
Le public lui fait la grimace.
Partout sa présence embarasse;
Ainsi qu'un vilain on le chasse;
Des maudissons à milliasse!
Il croupit au fond de la nasse :
De rage il bave ainsi qu'une Limace.
De quelle utilité lui seroit sa Préface?
Il rampe avec la populace.
Il est réduit à la besace :
Il n'a ni miche ni fouasse;
N'a pour tout lit qu'une paillasse.
Il entend dire, quand il passe :
Quelle maudite paperasse!
La peste soit de l'Auteur à la glace!
La peste soit de sa chienne de face!
Et pour mettre le comble enfin à sa disgrace,
On se torche avec sa Préface.
Enfin on le baffoue, on l'insulte jusqu'à ce
Que de douleur bien souvent il trépasse.

A quoi lui fervira pour lors une Préface ?

Au contraire, fi plein d'une héroïque audace ;
      Si marchant fur les pas d'Horace,
Son ouvrage eft femé de traits remplis de grace ;
      S'il eft avoué du Parnaffe,
      Il n'a point befoin de Préface.
      L'argent dans fon gouffet s'amaffe ;
      Comme un drôle il fait la fricaffe ;
      Il mange Perdrix & Becaffe ;
      Du meilleur vin il boit à pleine taffe :
      A votre fanté, toppe, maffe.
Plus fier que le fameux Capitaine fracaffe :
Il occupe en tous lieux une honorable place.
      On le fuit par tout à la trace ;
      On l'aime, on l'acueille, on l'embraffe ;
On le régale, on le méne à la chaffe.
Il n'eft donc pas befoin qu'il mette une Préface.
La chofe étant ainfi, que Meffire Pancrace,
      Meffire Jean, Meffire Ignace
      (De brillante ou d'obfcure race ;
      De doduë ou mince carcaffe,
      En cheveux ou bien en tignace)
N'attendent point ici de voir une Préface.
Mais infenfiblement je fens que je me laffe ;
Finiffons, auffi bien c'eft trop rimer en affe.

AVIS AU LECTEUR.

A Ma longue Lunette il n'eſt rien d'inviſible.
Oyez les vérités que je vais raconter.
Aux maux que l'on prévoit, on n'eſt pas ſi ſenſible :
Et prévoir les plaiſirs, c'eſt déja les goûter.

Ainſi, ſoit bonheur, ſoit malheur, recevez tout,
cher Lecteur, d'un viſage égal. N'eſperez pas pouvoir faire rétrogader les Aſtres.

Ce qui doit arriver eſt reglé par compas.
Les arrêts du deſtin ne ſe révoquent pas.
L'avenir eſt écrit ſur des tables de cuivre.
On ne déchire point les feuillets d'un tel Livre.

Au reſte
Pour peu que vous ſoyez curieux de Proverbes,
De Sentences & de Dictons,
Je vais vous en ſervir de toutes les façons :
De guais, de ſérieux, de plats & de ſuperbes,
De médiocres & de bons.

ALMANACH
NOUVEAU,
Pour l'Année 1745.

PREDICTION GE'NERALE.

LEs hommes feront bons, finceres, complaifans,
Serviables, doux, bienfaifans,
Ennemis du menfonge, & les femmes de même,
Quand on verra venir Mardi-Gras en Carême.

DU NOMBRE D'OR.

QUant au Nombre d'Or, je n'en trouve gueres cette année, quelque calculation que j'en
aye faite.

DE L'EPACTE.

JE ne vous dirai rien, bonnes gens, de l'Epacte.
Si vous avez les yeux fans taye ou cataracte,
Vous l'apprendrez, *Domina*, *Domine*,
D'une façon courte, facile, exacte,
Dans le moindre Almanach qui vous fera donné.
La favez-vous? Mon foin vous feroit inutile;
Ce feroit vous donner, comme un franc imbécile,
De la moutarde après dîné.

DES ECLIPSES.

IL y aura cette année tant d'Eclipses de Soleil &
de Lune, que j'ai peur que nos Bourses en pâ-
tissent.

Grand nombre de gens s'éleveront en peu de tems ;
ensuite s'éclipseront tout-à-coup, & se trouveront
entre deux Selles, le cul à terre.

Qui a perdu
Grate son cu.

Dans les détours secrets du Bois de Boulogne,
l'honneur de mainte fille court hasard de s'éclipser.

DES MALADIES.

LEs Aveugles bien peu verront.
Les Sourds assez mal entendront.
Les Muets fort peu parleront.
Les Culs-de-Jattes ne courront.
Les Punais mauvais sentiront.
Ceux qui pressés de vents feront,
Avec délice pêteront ;
Et ceux qui Flux de ventre auront,
A la Chaise percée iront.

Quiconque aura Pierre dans la Vessie,
Doit se faire tailler, soit jeunes ou vieillards.
Quiconque en Février terminera sa vie,
Ne sera plus malade en Mars.

Le mal des yeux sera très-contraire à la vûe.
Les Constipés auront besoin de lavement :
Et qui mourra subitement,
Mourra d'une mort imprévûe.

Vieilleſſe ſera incurable, à cauſe des années précedentes.

Hommes & femmes ſeront attaqués de beaucoup d'autres maux. Néanmoins ils vivront juſqu'à la fin de leur vie ; *& il n'en mourra que les plus malades.*

Il regnera une maladie épidemique , horrible, épouventable : c'eſt que pluſieurs ſeront atteints de la fureur de faire des Vers, & moi tout le premier.

Maladie ſera ſans T , & ſanté ne ſera pas ſans T.

DES FOIRES.

IL y aura cette année les Foires ordinaires.

Foire de Vers & de Proſe, au Parnaſſe.

Foire de mines & d'œillades, aux Thuilleries.

Foire de politeſſe, chez les femmes du monde.

Foire de médiſance, chez les Prudes.

Foire de mauvaiſes imitations, chez les Provinciales.

Foire de mariages, chez les femmes d'intrigue.

Foire d'orgueil, chez les Bourgeoiſes qualifiées.

Foire d'envie, chez les Auteurs.

Foire de tromperie, à la Cour.

Foire de chicane, au Palais.

Foire de nouvelles, aux Caffés.

Foire de tendres ſornettes, à l'Opera.

Ces Foires ſe tiendront aux lieux accoûtumés : mais la plus conſiderable ſera la Foire du Ponant, dans l'Iſle de Chio.

DES BIENS DE LA TERRE.

CEtte année sera fertile en tous biens, pour ceux qui auront largement de quoi semer & planter.

L'Avoine fera grand bien aux Chevaux : la Vesse aux Pigeons, & le vent aux Moulins.

Le souci croîtra plus que de coutume, avec abondance de Poires d'angoisses.

DE L'ETAT DE CERTAINES GENS.

UNe des grandes folies du monde, est de croire qu'il y a des Astres pour les grands Seigneurs, plûtôt que pour les pauvres gens. Les Astres se soucient aussi peu des grands que des petits, des riches que des gueux.

Il se trouvera certains esprits chauffés à rebours, qui deviendront humbles par les mauvais traitemens, & insolens par les bienfaits.

> *Oignez vilain, il vous poindra.*
> *Poignez vilain, il vous oindra.*

La moitié du monde se déguisera, pour tromper l'autre.

> **Les fourbes, par leur manigance,**
> **Nous causeront bien du souci.**
> **Mais quel remede à tout ceci ?**
> **Bonnes gens, prenons patience ;**
> **Maître Destin le veut ainsi,**
> **Pour exercer Dame Constance.**

♃

LEs gens nés fous Saturne, feront comme *les Gro-gnons qui fe levent le cul le premier* : les jaloux, les mélancoliques, fe gratteront où il ne leur déman-gera pas : *riront du bout des dents : feront bonne mine & mauvais jeu ; & contre fortune, bon cœur.*

♓

SOus Jupiter, la foif des richeffes fera jouer d'é-tranges rôles. Que de gens fe déguiferont ! Que de rufes ne mettra-t'on point en ufage pour s'enri-chir ! Défiez-vous furtout de ces Sucrées qui font les Agnès, & qui ne cherchent qu'à vous faire tomber dans leurs filets.

Pour féduire nos cœurs tout s'emblera d'accord ;
   Dehors modefte & pudeur enfantine.
   Il ne faut pas s'arrêter à la mine ;
   Il n'eft pire eau que l'eau qui dort.

♂

CEux qui naîtront fous Mars, *ne demanderont que playes & boffes.* Nouveaux Pychrocoles, rien ne pourra borner leurs ambitieux projets.
   Mais comme il n'y a nulle regle fans exception :

Un fameux Conquerant, après mainte victoire,
S'arrêtera tout court au milieu de fa gloire ;
Et réprimant ce feu, ces bouillantes ardeurs,
   Pain quotidien des grands cœurs,
Il vaincra, fe vainquant, le Vainqueur des Vainqueurs.

Le Monarque des Lys, par ses fameux Exploits,
Condamnera Bellonne à gémir dans les chaînes :
La paix accordera les Rois ;
L'Hymen fera des Reines.

※

SOus le Soleil, tous les Soufleurs,
Les Chimistes & les Chercheurs
De la Pierre Philosophale,
Travailleront d'une ardeur sans égale :
Mais pour tout fruit de leur avidité,
Ils se verront réduits à la mandicité.

Les Poëtes auront toujours la cervelle en écharpe, seront toujours visionnaires & gueux. Leurs Fontaines font couler des flots d'argent ; leurs Prés sont émeraudes ; les petits cailloux de leurs rivages sont autant de Diamans, de Perles & de Pierreries. Avec tout cela, au milieu de tant de trésors, ils n'ont point de pain.

Cependant, ils élevent leur front jusqu'au Ciel, & disputent de félicité avec Jupiter. Ils promettent l'immortalité, pendant qu'ils meurent de faim.

Ils parlent, disent-ils, *le langage des Dieux ;*
Et moi je dis que c'est le langage des gueux.

Je ne dirai rien des Musiciens ; sinon, qu'ils seront toujours fantasques & bisarres.

Possédant en perfection
L'esprit de contradiction,
Et l'on peut assurer, sans crainte de reproche,
Qu'ils sont faits la plûpart de croche & d'anicroche.

♀

SOus la Planette de Venus, qui a tant de quoi se promener, possédant Cythere, c'est-à-dire, six Maisons de Campagne, l'amour trotera à plusieurs dans le ventre, & ils auront de bon matin *la puce à l'oreille.*

Ceux qui se marieront par amourette, sans avoir de quoi faire bouillir la timbale, auront, *pour une bonne nuit, bien de mauvais jours.*

Ils trouveront peu de douceur,
A dîner d'un, *ma mie*, à souper d'un, *mon cœur.*
Alors ils connoîtront plûtôt qu'il ne leur semble,
Quel diable de rien c'est que deux riens mis ensemble.
Dans leur ménage nulle paix :
L'amour finit bientôt, la pauvreté jamais.
A s'engager ainsi voilà ce qu'il en coûte.
On se haïra tout de bon :
O le vilain mâtin ! O la laide guenon !
Mais quoique tout aille en déroute,
Où la Chévre est liée, il faudra qu'elle y broute.
Quiconque a pour deux sols d'esprit,
Ne se doit point embarquer sans biscuit.

Les Coquettes auront toujours leur même manége. Elles feront une mine à celui-ci, un sourire à celui-là : jetteront une œillade sur l'autre ; marcheront sur le pied d'un quatriéme ; laisseront tomber leur évantail, afin qu'un cinquiéme ait le plaisir de le ramasser. En les ménageant ainsi, tous se croyent aimés, & chacun se retire content.

☿

SOus Mercure, Gens d'affaires, Commerçans, Partisans, feront sujets à faire banqueroute, s'ils n'ont autant d'argent en bourse qu'ils en doivent.

[16]

Il y en aura qui feront des projets fi grands, qu'ils
reffembleront *aux Montagnes, & n'enfanteront qu'une
Souris.* Alors, *ils n'iront plus que d'une feffe,* & feront
plus trifte que des bonnets de nuit fans coëffe.

Si bien qu'ayant perdu leur tems, comme leur peine,
Ils vendront leurs Chevaux pour avoir de l'aveine.
Qui n'afpire qu'à ce qu'il peut,
Parvient fouvent à ce qu'il vent.

On en verra quelqu'autre, que la fortune menera
par la main, lefquels *ne fe moucheront pas du pied,* &
feront *plus aifes qu'un Cochon qui piffe dans du fon.*

Cependant, quelque brillant que foit leur état, ils
fueront & travailleront continuellement pour l'aug-
menter. O infenfés que vous êtes ! Pourquoi courir
fans relâche après les vanités ? Vous ne durerez pas
éternellement. Jeunes & vieux font quotidiennement
épitaphés. De tout ce que vous poffedez, rien ne
vous accompagnera après cette vie. Il faudra que cet
Ufurier quitte fes trefors ; cet amoureux fa maîtreffe ;
cet ambitieux fes poftes éminens. Minos ne fera pas
plus d'honneur à Agamemnon qu'à fon valet, ni à
Achille qu'à Therfite. Mais j'ai beau crier, ils font
fourds à mes remontrances. Ils ne parlent que de richeffes, de plaifirs, de dignités ; & de la vertu, pas
le moindre petit mot.

Un petit grippe-fou fera une immenfe fortune ; &
tel grand qui le méprifoit, recherchera fon alliance ;
fi bien qu'ils feront *camarades comme Cochons.*

Plufieurs, d'une ardeur fans pareille,
Qui paroîtront avoir fur les levres le cœur,
Vous promettront monts & merveille.
Autant pour le Brodeur.

Les flatteurs pulluleront à force. Ne vous y fiez
que de bonne façon. Ces fortes de gens y vont fi fine-
ment,

nient, tant doucettement, qu'ils marcheront fur quatre œufs, fans en caffer demi douzaine.

Cette engeance mord en riant,
Et rit en mordant.

Ce font tous gens faux , & la caufe en eft très-
naturelle. Ils naiffent d'une fauffe couche ; paffent
toujours par de fauffes portes : cherchent toujours des
faux-fuyans,& ne chantent jamais qu'en faux-bourdon.

A fon époux vivant, une époufe eft fidelle ;
Elle jure de l'être encore après fa mort,
Et de ne point brûler d'une flâme nouvelle.
Un riche & gros parti vient s'offrir à la belle ;
Elle réfifte d'abord ;
Puis fe rend après quelque effort.
On ne voit point de femme Tourterelle,
Et les abfens ont toujours tort.

Dans ce fiecle nôtre,
Un cloud chaffe l'autre.

———————————

☽

CEux qui fous la Lune font nés
Seront plus têtus que des mules ;
Et fi pendant l'hyver ils ne font cantonnés
Bien chaudement dans leurs cellules,
Ils auront aux talons les mules,
Et la roupie au bout du nez.

Nous fommes ici bas comme Oifeaux fur la branche.
Tel rira Vendredi, qui pleurera Dimanche.

Que de Pédans *plus fots que panier percé !*
Que de belles-meres *plus méchantes qu'ânes rouges !*
Que d'Intendans *plus Larrons que Chouettes !*
Que d'enfans de Paris *plus effrontés que Pages de*
Cour *!*

B

Que de Gascons *plus menteurs qu'arracheurs de dents !*

Que de gens brillans *plus gueux que Peintres !*

> De ces derniers on peut bien dire,
> Sans apprehender de médire,
> *Belle montre & peu de rapport.*
> *Tout ce qui reluit n'est pas or.*

Tous les Hableurs ne viendront pas de la Garonne.

Tous les foux ne seront pas aux petites Maisons.

Quelques-uns feront paver leur Pré, pour empêcher les Taupes de le gâter.

D'autres se trouvant incommodés du bruit des Cloches, feront mettre du fumier devant leur porte.

D'autres iront la nuit avec une chandelle, voir au Cadran solaire l'heure qu'il est.

D'autres sur le haut d'une Tour feront sentinelle, pour empêcher qu'on ne prenne la Lune avec les dents.

D'autres enfin (admirez la folie)
Se cacheront dans l'eau pour éviter la pluye.

DE LA GUERRE.

IL y aura Guerre perpétuelle entre l'eau & le feu : entre la raison & les sens : entre la noblesse & l'argent : entre les arts & la fortune : entre les chats & les rats : entre la vermine & les gueux.

> Ceux qui sentiront vents mutins ;
> Vents captifs, renfermés, & coliques mutines ;
> Auront dedans les intestins
> Des guerres intestines.
> Voilà ce que vulgairement
> Chacun nomme guerre civile ;
> Mais pour parler correctement,
> Il faut dire, guerre incivile,

Lecteur, pardonnez cette rime,
Elle n'eſt pas bien légitime ;
Et je confens, ſi j'y retourne plus,
De ſubir le ſort de Malcus.

Mars, de couleur de feu, viendra teindre les fleuves :
Pluſieurs Villes, Châteaux, Remparts, feront détruits ;
Et le fer & le plomb feront beaucoup de veuves
Qui n'ont jamais eu de maris.

INCENDIES.

IL y aura de terribles Incendies en plus d'une Ville, qui réduiront bien des familles à la mendicité ; mais qui heureuſement les délivreront de puces & de punaiſes. *A quelque choſe le malheur eſt bon.*

Pluſieurs feront brûlés du feu de l'ambition.

Grand nombre de Belles mettront les cœurs à feu & à ſang, & *traiteront les libertés de Turc à maure.* Telles d'entr'elles, ſi elles n'adouciſſent le feu de leurs yeux, feront capables d'embraſer tout l'Univers

Et qui les pocheroit, ſans attendre à demain,
Rendroit un grand ſervice au pauvre genre humain ;
Mais malheureuſement, hélas ! chacun ſe fie
Sur leur traîtreſſe prudhomie !
Bien-tôt tous les mortels vont ſentir, à leur dam,
Le plus redoutable incendie
Qu'on ait vû depuis Abraham :
Si bien que tourmentés d'une telle brûlure,
Ils s'écriront : Ah, ventrebleu !
Nous rôtiſſons ; ce n'eſt pas jeu :
Ah, mes pauvres boyaux ! ah, ma pauvre freſſure !
Au feu ! au feu ! au feu ! au feu !

DE CERTAINS PAYS.

LE Royaume de France profperera , & l'on y caquetera & jouëra au Médiateur , comme l'année précedente.

Parifiens ne feront brin manchots ,
Quoique taxés d'être badauts.
Picards feront fans malice & fans fraude ,
Mais ils auront la tête chaude.
Normands feront chagrins , poufferont maints foupirs ,
S'ils n'ont quelques Procès pour leurs menus plaifirs.
Gafcons diront force fanfaronnades.
Bretons boiront maintes rafades ,
Et les fableront à fouhait ,
Comme tout honnête homme fait.

Cette belle partie de l'Europe foifonnera en charmans objets. Mais il y aura une chofe que je ne puis comprendre.

Beautés plus blanches que la nége ,
Et plus froides cent fois , dites-nous , en honneur ,
Auriez-vous quelque fortilége ?
Comment avec tant de froideur ?
Comment , n'étant que glace ,
Pouvez - vous enflâmer un cœur ?
Voilà ce qui me paffe !

Le lard fuira les poix en Carême. Le ventre ira devant. Le cul s'affeoira le premier. Carême-prenant chaffera Mardi - gras.

Les jeunes gens diront ce qu'ils font : les vieillards ce qu'ils ont fait ; & les fots ce qu'ils ont envie de faire.

Que de Traitans éblouiront par leur fafte ! Se feront fefter , chérir , admirer , pendant que celui qui n'a que du mérite , fe verra auffi effeulé qu'un favori difgracié !

Si vous n'impofez pas par la magnificence,
N'attendez nul égard & nulle déference.
Vous paffez pour un fot avec beaucoup d'efprit,
Tandis qu'un fat pour lui fait parler fon habit.

Les foireux n'auront pas
Befoin d'Avocats ;
Car leurs affaires
Seront claires.

Si quelque incrédule Lecteur
Croit que je fuis un Impofteur,
Qu'il aille fe . . . . lanlere,
Lui, fon fils, fa guenon de fœur,
Son fot neveu, fon fichu frere,
Sa chaffieufe de grand'mere,
Son vieux pere tout édenté
Qui fait nuit & jour la débauche,
Son oncle au cerveau démonté,
Sa laide niece au cul crotté
Qui ne fait ni noire ni croche ;
Son imbécile Parenté,
Tant du droit que du côté gauche,
Et toute fa poftérité.

Quelle efpece bifarre que le genre humain ! Croiroit-on, fi on ne le voyoit, qu'il pût y avoir des paffions fi folles & des reflexions fi fages ! Une durée fi courte & des vûes fi longues ! Une ardeur pour les fciences les plus inutiles, & une ignorance pour les plus importantes !

Il y aura force luxe, & furtout force médifance. On devroit couper la langue à tout médifant, ou tout au moins le condamner à une amende, non pas honorable, mais honteufe.

La fortune fera voir fes caprices ordinaires.

Gens fortunés, que la profperité aveugle, ne vous affurez pas tant fur votre bonheur. Rien n'eft permanent ici bas. Regardez Crefus, Policrate, Aman & tant d'autres.

Cela doit vous servir d'un excellent tableau.
Il faut attendre au soir pour dire le jour beau.

Les simples ne feront point fortune à la Cour. *Ils battront les Buissons, & les autres prendront les Oiseaux.* Cela s'appelle *tirer les Marons du feu avec la patte du Chat.*

Il ne faut pas, toute-fois, que les malheureux perdent courage, *& jettent le manche après la coignée.* La Providence est grande.

> *En peu d'heure,*
> *Dieu labeure.*

Plusieurs feront de nécessité vertu.

D'autres feront de rien de grandes choses, & de grandes choses rien.

Les Riches passeront leur vie à boire, manger, dormir : manger, dormir, boire : dormir, boire & manger.

> Pour satisfaire à leur délicatesse,
> Ils feront dépeupler l'air, la terre, les eaux ;
> Et leurs tables feront sans cesse
> Le rendez-vous des bons morceaux.
> Ah ! Ce n'est pas ainsi qu'on acquiert la science.
> L'esprit & le savoir, ces riches ornemens,
> Coûtent, pour les trouver, plus de soin qu'on ne pense.
> Les somptueux habillemens,
> Les superbes ameublemens,
> Les Vins exquis, la bonne chere,
> Les ris, les plaisirs, la commere,
> Et les grands biens le plus souvent
> Font un sot plûtôt qu'un savant.
> Encor s'ils se taisoient, on prendroit patience ;
> Mais leur barbare pétulence,
> Par les plus sots discours viennent nous accabler.
> Que c'est une étrange misere
> De manquer d'esprit pour parler,
> Et de jugement pour se taire !

Au reſte , ne vous laiſſez pas enjoler par leurs belles promeſſes ; ils n'en ſont point avares. *Ils ſavent*
dorer la pillule ; promettent plus de beurre que de pain,
& ne vous donnent ſouvent qu'un Chat pour un Liévre.

> *Heureux qui ne les connoît guere ,*
> *Plus heureux qui n'en a que faire.*

Pluſieurs d'entr'eux ſeront ſemblables à ces ſtatues
ſuperbes , qui ſont auſſi ſales en dedans qu'éclatantes
au dehors ; & pour un Héros qu'elles repréſentent ,
n'enferment que des ſouris & des araignées.

> Mettez-les au deſſus des Anges,
> Encenſez-les , vous ſerez leurs amis :
> De menſonges groſſiers farciſſez vos écrits,
> Comme ils ſont friands de louanges ,
> *Ils les avaleront ainſi que des Poix gris.*
> On ne me verra point , bleſſant ma conſcience
> Pour eux , impudemment mentir,
> De mes remords , la juſte violence
> Me ſeroit chaque jour trop rude pénitence ;
> *Et je n'achete pas ſi cher un repentir.*

Il y a long - tems que la pauvre Nobleſſe ſeroit
tombée dans le mépris.

> Si parmi tant de grands Seigneurs,
> Qui méritent ſi peu de l'être ,
> On n'en voyoit encor paroître
> Qui la ſoutiennent par leurs mœurs.

Oui , il ſe trouve encore de ces ames nobles , re-
levées ; de ces hommes grands par eux-mêmes , qui
ſe font reverer moins par leur rang que par leur mérite. Voilà mes Héros ; c'eſt ceux-là que je déſirerois
pouvoir chanter dignement ; mais,

Malgré de mes déſirs les preſſantes amorces,
> Je me tais , je connois mes forces ;
> Je n'ai pas le talent qu'il faut
> Pour oſer prendre un vol ſi haut :

Je me sens retenir par une juste crainte,
Ne va pas qui veut à Corinte.

Les enfans d'Apollon présenteront des fruits de leur muse aux nouveaux Parvenus. Eh Messieurs, y pensez-vous ! *C'est semer des Marguerites devant des Pourceaux.*

L'envie de s'élever trop haut, perdra bien des gens.

A votre ambition, mortels, mettez un frein.
Qui trop embrasse mal étreint.

Heureux le petit bon homme, qui, content de sa petite fortune, vivra de son petit revenu dans sa petite maison, avec sa petite femme & ses petits marmots d'enfans, & y fera à petit bruit son petit tripotage.

Les avares, au lieu d'amasser pour vivre, ne vivront que pour amasser. Au lieu de jouir du fruit de leur travaux, ils se refuseront tout, & seront au sein de l'abondance *plus gueux que des Rats d'Eglise.* Envain les prêcheroit-on ; *il n'y a pires sourds que ceux qui ne veulent point entendre. A laver la tête d'un Maure, on y perd sa lessive,* & puis *peut-on faire boire un âne, s'il n'a soif ?*

Quelques-uns entendant dire que tout est renversé ; tant mieux, diront-ils, on disoit autre-fois la même chose. Or, si l'on renverse ce qui étoit renversé, tout ira bien ; & ce sera tout remettre dans son état naturel.

L'année sera fertile en accouchemens. Si les petits nouveaux nés vivent, ils auront de l'âge ; sinon ils mourront le jour qu'ils trépasseront.

Un homme fera parler de lui. C'est le cousin du grand pere de la commere de la sœur aînée, qui a épousé le fils de la tante du gendre d'un beau frere de l'oncle défunt de la brue d'un bâtard de la grand'mere.

Les Cuiſtres, les Pedans ſentent toujours la graiſſe ;
  A l'odorat d'abord ils ſe connoiſſent.
Quelque critique ici va me faire un grand crime
D'employer de mon chef une pareille rime :
Je lui ſoutiens, morbleu, qu'on ne peut rimer mieux.
On rime pour l'oreille, & non pas pour les yeux.

Quel eſt ce fantôme hideux, à qui tant de jeunes galans font la cour ? Ah ! c'eſt une vieille médaille, à qui ſon mari a laiſſé des écus à milliers.

Voyez comme auprés d'elle ils font les agréables !
Que d'adorations ! Que d'aſſiduités !
      L'argent & les proſpérités
      Erigent en Divinités
      Les guenons les plus effroyables.

Quantité de braves, ou ſoit diſant, feront les fendans, & ſe vanteront d'avoir du ſang au bout des ongles ; mais ce ſera pour avoir tué leurs inſectes pédiculaires.

Une des grandes ſciences, & que très-peu de gens ſavent ; c'eſt de ſavoir qu'on ne ſait rien.

Pluſieurs petits grimaux dans ce ſiecle tortu,
Exalteront leurs vers ſans force & ſans vertu.
      Ce n'eſt que vile Populace,
      Fades, inſipides Auteurs,
      Qui, dans les bourbiers du Parnaſſe,
      Travaillant malgré les neuf ſœurs,
      Font rimer, ſans y prendre garde,
      Miſericorde & halebarbe.

Jugez de leur capacité par ce petit échantillon que je vous préſente. Ce ſont deux couplets de Chanſon qu'une de ces viles grenouilles doit mettre inceſſamment en lumiere, comme un rare effort d'imagination.

Sur l'air du Confiteor.

Un jour le beau Silvandre, qui
Brûloit d'amour pour fa Climene,
Lui faifoit une longue Ki-
Rielle de toutes fes peines :
Il fe démenoit, il faut voir;
Elle en rioit, il faut favoir.

Petit maraut de Cupidon,
Aye de moi mifericorde;
Car fi tu le prends fur ce ton,
Moi je prendrai mon halebarde :
Je t'étrillerai, il faut voir;
Tu en auras, il faut favoir.

Eh bien, qu'en dites - vous ?

Vla qu'étoit biau !
Oftez vot' Chapiau.

D'autres appréhendant de ramper.

Par des mots oftrogots, des phrafes importunes
Affectent dans leurs vers un Phœbus importun ;
Ils évitent fi fort les paroles communes,
Qu'on n'y voit pas le fens commun.

Ce font pourtant ces infectes du Parnaffe, qui s'a-
charnent le plus fur les gens de mérite ; mais faut-il
s'en étonner ?

Dame ignorance fur la terre,
Au favoir fait toujours la guerre.
Ils font remplis d'un fiel amer :
La gloire des autres les bleffe ;
Et ce font des Corbeaux qui croaffent fans ceffe,
Contre l'Aigle de Jupiter.

Vous qui faites vos délices de l'étude, que cela
ne vous décourage point.

Continuez, tâchez de devenir habile ;
La fcience eft toujours utile,

Elle eft un ornement dans la profpérité;
    Un fecours dans l'adverfité.
Qu'aux efprits vertueux elle doit être aimable!
    Et quel plaifir inexprimable
De favoir démêler, avec facilité,
Du billon de l'erreur, l'or de la vérité!
N'en prenez pas pourtant plus de préfomption.
Pour la Loi fainte ayez humble foumiffion;
    Car fcience,
    Sans confcience,
  Souvent mene à perdition.

Continuez, dis-je : étudiez les anciens & les bons modernes. On trouve chez eux plus de chofes que de mots : le fens eft preffé; chaque phrafe regorge de fuc.

Continuez, encore une fois. Si l'on vous refufe les louanges qui vous font dûes, la poftérité vous rendra juftice. A l'égard des Poëtes, des Muficiens (des bons s'entend) & des autres gens qui compofent, il en eft tout autrement que des jolies femmes. Elles jouiffent de leurs honneurs au moment qu'elles les méritent. Une réputation récente de beauté, eft dans le fort de fon triomphe. Au contraire, c'eft l'ancienneté qui la ruine. Quand il y a long-tems qu'on dit d'une femme, elle eft belle, on eft prêt de ne le plus dire. Après la mort, adieu les hommages & les louanges. Mais les faifeurs d'ouvrages gagnent à mourir, j'entens pour l'honneur. Leur fiecle eft le moins favorable pour eux. Des fiecles de vieilleffe font néceffaires pour leur donner du luftre.

La langue va fe voir inceffamment enrichie d'un mot nouveau. C'eft le mot de *lifable*. On fe fert indifféremment de *lifible*, pour deux chofes différentes; ce qui forme fouvent de l'obfcurité. Pour parler intelligiblement, quand on lira quelque chofe, & qu'on y trouvera.

Traits bien formés , bien nets , caractere visible ,
Ceci , dira-t'on , est lisible.
Si ce qu'on lit est bon , soit Poëme , soit Fable ,
Ceci , dira-t'on est lisable.

Lisible pour l'écriture , *lisable* pour l'ouvrage.

Grand Appollon , tu as juré par le Stix de faire naturaliser ce mot. C'est un enfant tout nouveau né qui implore ton secours. Daigne l'honorer au plûtôt de ta protection. Silence ! Le Dieu va prononcer ; j'entends sa divine voix. C'est lui qui parle.

Auteurs , si vous voulez mériter mes bien-faits ,
Que par tout le Parnasse on dise désormais ,
L'écriture est lisible , & *l'ouvrage est* lisable.
C'est l'Arrest d'Appollon , il est irrévocable.

Il est louable (les Prédicateurs en donnent l'exemple) il est louable , dis-je , & même profitable de censurer le monde en géneral ; mais il est très - condamnable de déchirer les Particuliers.

Ne verrons nous jamais ici bas qu'oubli pour les services , & ressentiment pour les injures !

Nous écrivons sur la poussiere
Le bien que nous fait notre frere ;
Mais sur le marbre nous gravons
Le mal que nous en recevons.

Du tems qu'Adam se maria ,
Au tems qui court , grand changement y a.
Le vrai mérite est réduit à quia.
La vertu méprisée est allée ad Patres.
Le vice seul fait flores.
O Tempora ! O Mores !

On dit qu'un jour le monde changera ;
Je n'en croi rien ; ou bien s'il change , ce sera
Quand les hommes vivront dans une paix profonde ,
Et quand une moitié du monde
Aimera l'autre tendrement ,

Sincerement , chrétiennement ,
Selon le faint Commandement.

Les Faifeurs d'allumettes & les Pâtifliers feront fau-
vés , attendu qu'ils fouffrent & pâtiffent pour tout le
monde.

Je ne fai fi les gens de guerre auront le même fort;
car au lieu de fe convertir entierement , ils ne font que
des quarts de converfion.

Pour les Maçons & les Ménuifiers , ils n'auront gue-
rès d'amis dans le Ciel ; car loin d'invoquer les Saints,
ils leur font tous les jours des niches.

Plufieurs gagneront leur vie en danfant fur la corde ;
d'autres la perdront en danfant deffous.

Les Avocats joueront de la langue , afin d'avoir de
quoi jouer de la machoire.

Ceux qui n'auront plus de dents , pourront devenir habiles en Chymie.

> Aux Partifans on fera rendre gorge ,
> Leur difant , fans tant de raifon,
> *Il faut mourir petit Cochon ,*
> *Il faut mourir , il n'eft plus d'Orge.*

C'eft ce qui arrivera à ceux qui veulent *petter plus
haut que le cul.*

Souhaiter fobrement , eft tout ce que je veux.
La médiocrité rend feule l'homme heureux.
Trop fouhaiter produit moins de bien que de mal ;
Et le Roi des fouhaits eft mort à l'Hôpital.

*Quand le Soleil fera couché , qu'il y aura de bêtes à
l'ombre !*

Venons maintenant aux Officiers de fanté.

Les Chirurgiens . . . . Non, ce n'eft pas par eux
qu'on doit commencer. Il faut que chaque chofe foit

dans l'ordre. *A tous Seigneurs, tous honneurs.* J'allois,
sans y penser, *mettre la Charue devant les Bœufs.*
Paroissez sur la Seine, éleves d'Hypocrate ;
Il faut qu'à votre tour vous passiez sous ma patte.

Quand (vous prenant pour franches buches)
Un Médecin gravement vous dira
    Que quelque mal qui vous viendra,
    A coup sûr il vous guérira ;
    Répondez : *Achetez des cruches.*

Si, allant voir une malade dont on n'attend plus
rien, il entend quelque bruit d'une certaine odeur.
    Sur un tel Diagnostique,
    Jugeant du Prognostique,
    Aussi-tôt il esperera ;
    Et tout joyeux il s'écriera,
Bon, son ame n'a pas encore passé la porte ;
    Femme qui pette n'est pas morte.

Tous les Médecins ne se ressemblent pas, Dieu
merci.

    Il y a fagots & fagots.
Parmi plusieurs débiteurs de grands mots,
    Qui sont dans cette illustre Ville,
    En jeunes beautés si fertile ;
    Graces à nos heureux destins,
    Il est nombre de Médecins
Qui portent, sans tarder, un sûr & prompt remede
    A quiconque implore leur aide.

Les Chirurgiens parleront peu, mais panseront
beaucoup. Ils seront outre cela très - discrets, & ne
diront pas tout ce qu'ils pansent.

Pour les Apotiquaires, ils auront besoin d'une bonne
tête, ayant affaires à tant de différens visages.

Ce font d'ailleurs d'aimables gens ;
Car outre qu'ils font très-favans
En l'art d'Apotiquairerie,
Ils réuniffent les talens
De la Mufique & de l'Artillerie,
S'excrimant d'une adroite & gentille façon
Et de la Flute & du Canon.

Femme fans tête n'a point de Bonnet, dit on communément.

Oui, femme fans tête
N'a point de Bonnet ;
D'accord : mais femme fans Bonnet,
N'eft pas toujours femme fans tête.

Plufieurs filles dans l'indigence ,
Pour fe mettre dans l'opulence ,
Prendront des Magots pour maris.
La nuit tous Chats font gris.

De ces portraits, plus d'un qui fentira la touche ,
Grondera , s'efthomaquera ;
Marque qu'il s'y reconnoîtra.
Qui fe fent morveux , qu'il fe mouche.

Que vois-je ! Veillai-je ? J'apperçois un homme
tempérant , qui , content de fatisfaire les befoins de
la nature , fait fe contenter du néceffaire. Sobre dans
fes répas , comme dans le refte.

Jamais vous ne le verrez yvre ;
Jamais dans nul excès il n'ira fe plonger :
Il fait qu'il faut manger pour vivre.
Et non pas vivre pour manger.

De cet autre côté voyez ce gros gaillard ,
Ce gros Pifre gras à lard :
A table il eft dans fon centre ;
Il fait fon Dieu de fon ventre ;

Il n'entre-coupe ſes propos ,
Que de hoquets & que de rots ;
Et pour vous achever en deux mots ſa peinture ,
C'eſt un vrai Pourceau d'Epicure.

Que de caquets ! Que de conteſtations inutiles !
Que de gens paſſeront leur vie à diſputer , ſans en
être plus éclairés !

Ne vous embarquez point dans ces diſcours frivoles ;
Le Sage eſt ménager du tems & des paroles.

Le beau ſexe parlera moins dans le mois de Février , que dans le mois de Juillet.

Je me moque de l'amour , dira une très-aimable
perſonne.

Lâches cœurs , laiſſez-vous aſſervir en eſclaves ;
Baiſez , adorez vos entraves.
J'incague ce foible vainqueur ;
Il ne fera jamais nulle brêche à mon cœur.
Je me ris de ſes traits , je brave ſa puiſſance.
Qu'il s'y joue , on verra ſi je crains ſa vengeance.
En raiſonnant ainſi , l'on a certes , grand tort :
N'éveillons pas le Chat qui dort.

Il doit paroître de grands Phœnoménes. Et quoi ?

Un Poëte ſans prévention.
Un Abbé qui ne minaude point.
Un Procureur ſans avidité.
Un Petit Maître modeſte.
Un Peintre ſans caprice.
Un Muſicien ſobre.
Un Gaſcon opulent.
Un Caiſſier humble & poli.
Un Ecolier aſſidu à l'Etude.
Des Filles innocentes.
Une Dévote qui pardonne.

Un

Un Intendant qui a les mains nettes.

Des Savans qui ne difputent point fur la prééminence des anciens & des modernes.

Et une Danfeufe qui ne fait point de faux pas.

Avis à ceux qui fe fcandalifent fans fujet.

POur juger équitablement,
Sufpendez votre Jugement.
On impute fouvent à crime l'innocence.
On condamne tous les jours
Les plus innocens difcours.
Honny foit qui mal y penfe.

Rendez aux Grands ce qu'exige leur naiffance.
Soutenez votre rang avec les petits.

Mais pour agir avec fageffe,
Et recevoir par tout un gracieux accueil,
Humiliez-vous fans baffeffe ,
Et vous élevez fans orgueil.

Dieu préferve tout honnête homme de ces tant femmes de bien , qui , parce qu'elles vous gardent la fidelité conjugale, font d'une humeur de chien & d'un orgueïl infupportable.

Quand on ne fait que fon devoir ,
On ne doit point s'en prévaloir.
Vous , qui dans le logis faites le diable à quatre ,
Et qui ne parlez que de battre,
Ecoutez-moi, femmes d'honneur;
Ayez pour vos maris un peu plus de douceur.
Ne clabaudez point tant votre haute fageffe:
Il faut une vertu qui ne foit point diableffe.

Jeunes gens de l'un & de l'autre fexe , jouiffez modeftement des avantages de l'aimable jeuneffe. Comme ils ne dureront pas toujours, ceffez de vous en tant ennorgueïllir.

C

C'eſt un orgueïl mal entendu ;
Le tems efface toute choſe.
Il n'eſt ſi belle Roſe,
Qui ne devienne grate-cu.

Allemagne, Suiſſe, Saxe & Strasbourg ſe ſoûtiendront, à moins qu'ils ne manquent.

Angleterre, Irlande & Ecoſſe boiront force Bierre, s'ils n'ont pas de quoi acheter de nos bons Vins.

La Hollande ſera toujours opulente : c'eſt un Pays où le Dieu des richeſſes eſt couronné de tabac & aſſis ſur un trône de fromage.

L'Italie demeurera toujours où elle eſt.

La Turquie ſera toujours de nos amies.

Les Peuples qui relevent du Grand Seigneur, ont une coutume qu'on ne voit point ailleurs.

Qu'une fille chez eux bien ou mal ſe comporte,
Si-tôt qu'on lui voit des attraits ;
Sans autre forme de Procès,
On la met d'abord à la Porte.

La Peſte ravagera une partie du Levant. L'air du Ponant ne ſera pas de trop bonne odeur.

On verra quantité de Hongrois en Hongrie.
De Barbares en Barbarie.
De Tartares en Tartarie,
Et d'Arabes en Arabie.
A la Chine beaucoup de Noix,
Les Habitans étant Chy'-noix.
Au Grand Caire un très-gros Commerce,
Et beaucoup de femmes en Perſe.

Je vous dirois volontiers des nouvelles des Habitans de la Lune :

Mais le fort qui de tout difpofe,
Le fort qui regle chaque chofe,
Me défend d'en parler que dans quatre cens ans,
Patientez jufqu'à ce tems.

On doit commander dix mille ouvriers, pour re-
bâtir une des Arches du Pont - Euxin, que les Glaçons ont emportée.

Sa Hauteffe doit envoyer inceffamment un Exprès
à Tripoly, pour y acheter du Tripoly, afin de blan-
chir la Mer noire. On compte que cet ouvrage pourra
être fait & parfait la femaine des trois Jeudis.

DES QUATRE SAISONS
DE L'ANNE'E.

CHers Lecteurs, fi vous êtes toujours dans l'envie de favoir l'avenir, je vais continuer de vous
réveler ce que ma fcience m'en apprend.

Si je dis faux, qu'un Loup me croque :
Si je dis vrai, que qui s'en moque.
Pour prix de s'en être moqué,
Par le même Loup foit croqué.
Mais je ne dirai rien qui ne foit véritable,
Depuis l'A. jufqu'à l'O, depuis l'O. jufqu'à l'X.
J'en jure les cornes du Diable ;
Si c'eft trop peu jurer, j'en jure par le Stix.

Je ne voudrois pas affurer un menfonge pour quatre
fouris, & fix regards obligeans de la plus aimable per-
fonne du monde.

DU PRINTEMS.

APrès les noirs frimats, la nége & les glaçons,
Nous verrons revenir la Reine des Saifons.
La Terre reprendra fes plus belles fontanges.

On ne verra par tout qu'agréables mélanges.
L'aimable Philoméle, à l'ombre des Buiſſons,
Enchantera les cœurs par ſes tendres Chanſons.

Faiſons ici une petite pauſe pour admirer les ouvrages de la nature. Les plus charmans ſont les plus ſimples. Quelle magnificence, & en même tems, quelle épargne ! Car ſans parler de tous ces grands ſpectacles qu'elle nous préſente, le plus beau teint du monde n'eſt qu'une couche de lys & de roſes. Quelle pitié encore que ces beaux yeux ! Ces yeux qui ont tant renverſé de cervelles de Héros, & épuiſé tant de cervelles de Poëtes ! Ce n'eſt, tout bien compté, qu'un peu de blanc, de bleu & de noir.

Amans, déſirez-vous porter d'aimables chaînes ?
Soyez fideles & diſcrets,
Tenez vos plaiſirs ſecrets,
Ne dites que vos peines.

Pluſieurs petits ignorans d'Aſtrologues, vous diront qu'il y aura cette année treize Lunes. Je vous aſſure, moi, qu'il n'y en aura qu'une ſeule, qui ſera la même que Dieu créa au commencement du monde. Encore ne ſai-je ſi nous l'aurons toute entiere ; je crains que bien des gens n'en ayent déja un bon quartier dans la tête.

L'amour & la gale ne pourront ſe cacher.

Pendant cette Saiſon, ſi riante & ſi pure,
Où tout renaît dans la nature,
Où tout ramene les beaux jours,
Le fripon, le ſournois petit Dieu des amours,
Avec ſa friponne de mere,
Nous préparent plus d'une affaire.
L'homme ſage & le poliſſon

Sentiront l'amoureux friſſon ;
Et pour l'eſpece feminine,
'Auront une ardeur maſculine.

Plus d'une imprudente Bergere ;
En badinant ſur la fougere,
Dans la plaine, ou ſous un couvert ;
Se trouvera priſe ſans vert.

Il ſe fera maint & maint mariage,
Entre la poire & le fromage.

Un Amant enflammé d'amour ;
Inceſſamment pour ſa belle ſoupire ?
Elle ſe rit de ſon martire.
Prens courage, mon fils ; on verra quelque jour
A beau jeu, beau retour.
Vous lui faites en vain, cruelle, laide mine :
Il ſouffrira,
Il languira ;
Mais le retour vaudra mieux que Matine.

Bon, me direz-vous ; *pour un de perdu, on en re-*
trouve cent. Ne vous y fiez pas !

Telle mépriſe un tendre Amant ;
Qui le rappelle après, mais inutilement.
On ſe repent trop tard d'avoir été ſuperbe ;
Et chacun à ſon tour, comme dit le Proverbe

A quoi ſert tant de façon
Que la raiſon déſaprouve ?
Il faut prendre ſon bon
Quand on le trouve.

Qui fait la fiere
Dans ſes beaux jours
N'eſt pas toujours
Sûre de plaire.

Penſez - y bien ;
Telle refuſe

[38]

Un doux lien,
Qui après muse.

Quand on eſt jeune & belle
On eſt ſote & cruelle ;
   Que de momens perdus !
Le tems paſſé ne revient plus ;
Le préſent coule comme l'onde.
Que tout iroit bien dans le monde ,
   Si jeuneſſe ſavoit ;
   Si vieilleſſe pouvoit.

On dit communément , *l'Hiver n'eſt pas bâtard ,*
   S'il ne vient tôt , il vient tard.
   Pour moi , je dis à ces belles ,
   Si fieres & ſi rebelles ,
   Que bien qu'amour ſoit bâtard ,
   S'il ne vient tôt , il vient tard.

Les beaux jours n'ont qu'un tems ; ce tems ne dure gueres ;
   Sa perte doit nous allarmer.
   O vous ! qui ſavez l'art de plaire ,
   Quand apprendrez-vous l'art d'aimer ?

  Les amoureux trop étourdis , coureront riſque de
ſe piquer en voulant cueillir la roſe.
   Au joli Jardin de Cyprine ,
   Nulle Roſe ſans épine.

Amans , ſi vous voulez être heureux plus d'un jour ,
N'ambitionnez point l'éclatante richeſſe ,
   Les titres pompeux , la nobleſſe
   Et les faux brillans de la Cour.
Ce n'eſt pas , après tout , un attrait mépriſable ;
Mais enfin , pour trouver un bonheur véritable ,
   Ne cherchez qu'amour pour amour.

DE L'ESTE'.

J E ne fais pas quel vent en Eté fouflera,
    Ni de quel endroit il viendra.
    Si ma fcience n'eft trompeufe,
Cette Saifon doit être ou feche ou pluvieufe.
Ce que je fai de fûr, c'eft qu'il doit faire chaud.
Dieu fur tout ; Il eft bon & fait ce qu'il nous faut.

La dévotion de quelques femmes, les fera courir porter leurs vœux à S. Trotet, S. Caquet & S. Babil.

On eft menacé dans le milieu de cette Saifon, d'un grand débordement de puces noires.

La Seine aura le plaifir d'embraffer nombre de char-mans objets.

Que de promenades ! Que de têtes à têtes !

    Bofquets touffus, fombres bocages,
    Ardens foupirs, tendres langages ;
    Prenez garde, Fanchon, Nanon ;
    L'occafion fait le Larron.

Les Galans feront entreprenans. Auront *bon pied ; bon œil.* Leur vanité leur fera dire :

Nous ne pouvons porter nos défirs affez haut.
Il faut battre le fer, amis, *quand il il eft chaud.*
Ne nous rebutons point ; il n'eft que d'entreprendre :
Soupirons, proteftons & mentons comme il faut.
De nos foins féduifans, qui pourra fe défendre ?
    Tout vient à point qui peut attendre.

Défiez-vous de ces pouffeurs de beaux fentimens. N'écoutez point ces aimables perfides. On fe fie fur fes forces : on réfifte une, deux, trois fois ;

Et puis, crac, on se trouve prise.
Tant vas la cruche à l'eau, qu'enfin elle se brise.

Ce n'est pas que je sois de ces Misantropes ridicules, de ces bourus chagrins qui (s'ils en étoient les maîtres) retrancheroient de la vie, la jeunesse, & de l'année, le Printems. Aimez beautés, aimez ; ne soyez point empâtées dans l'indifférence ; mais comme *il faut connoître avant que d'aimer*, examinez bien avant que de vous engager.

Et pour goûter long-tems les plaisirs les plus doux,
Faites un choix digne de vous.

DE L'AUTOMNE.

Quels chants se font entendre, & remplissent les airs !
Quels cris ! Quels bachiques concerts !
Ces Pampres, ces Raisins, dont chacun se couronne ;
Tout annonce, tout dit que la vendange est bonne.

Voici la Saison de la bonne chere qui s'approche. N'esperez pas pourtant prendre *les Allouettes toutes rôties à la chûte du Ciel.*

Vous pourrez avec l'aide du bon Bacchus, esperer de vaincre les plus cruelles :

Si vous n'obtenez pas avec un tel secours,
Ce que votre cœur désire,
Du moins,
Le bon Vin vous fera rire,
Si l'on rit de vos amours.

Quelle foule, de tous côtés,
Accourt à pas précipités !
Chacun est attiré par la liqueur vermeille ;
Tout se rassemble sous la treille ;
Mais le beau sexe en fait le plus bel ornement.

Et le Vin le rend plus charmant:
Là, la fote,
L'idiote,
La bigote
Change de note.
Le Vin trote;
On firote,
On jabote,
On baifote:
Chacun dans fes inftans,
Se donnent du bon tems.
Jouiffez des beaux jours, agréable jeuneffe;
Et tâchez, s'il fe peut, d'atteindre la vieilleffe.

Une vieilleffe faine & vigoureufe, ne laiffe pas d'avoir fon mérite; temoin le bon vieillard de Téos,

Qui n'avoit que le corps de vieux,
Et dont l'efprit étoit fain & joyeux.

Si l'on n'a plus de dents, n'eft-il pas auffi beau de manger fur le Corail que fur les Perles?

DE L'HIVER.

LEs Arbres feront dépouillés;
Nos Promenoirs feront mouillés:
L'Email de notre beau Parterre,
Perdra fes plus vives couleurs:
Le froid fera mourir nos fleurs;
Et l'air fera malade d'un Catherre.

On fe déguifera l'extérieur pendant cette Saifon; car pour l'intérieur, on le déguife pendant toute l'année.

Aquilon avec Borée fe prépare à faire des fiennes, *& ne nous promet pas Poires molles.*

La glace fera caffer le col à bien des gens. Mais combien plus encore de pauvres Soupirans fe caffe-

font le nez contre la glace de certaines beautés fieres,
qui leur diront durement,

Rétirez-vous importun que vous êtes,
Amans transis, rétirez-vous :
C'est employer gratis & le tendre & le doux ;
Vous perdez soupirs & fleurettes :
Adieu paniers vendanges sont faites.

Marchez posément dans les rues ; prenez garde de
vous casser une jambe, de peur de ressembler à une
comparaison.

Et vous les belles filles,
Si mignonnes & si gentilles,
Allez doux ; ne vous pressez pas,
Et gardez-vous de faire de faux pas.

Nous aurons affluence de bon Vin & de Gibier.

Que ce sera pour lors un plaisir délectable
De boire frais, manger Ortolans & Perdrix,

Et se voir avec ses amis,
Le dos au feu, le ventre à table.

Je suis presque persuadé que tout ce que j'ai dit sur
les défauts d'autrui, ne produira pas grand chose, &
qu'on n'en fera pas plus d'état *que d'un clou à souflet.*

En vain sur les vices on glose ;
C'est se cogner la tête contre un mur.
Siécle passé, siécle futur,
Ce sera toujours même chose :
Le monde restera toujours comme il est fait ;
Jus vert, vert jus ; bonnet blanc, blanc bonnet.

Et pourquoi donc (me dira quelqu'un) entreprens-
tu de le corriger, si tu n'espere pas en venir à bout ?
N'importe, répondrai-je, quand je n'espererois pas
d'y réussir, je l'aurai du moins essayé. C'est toujours
faire une bonne action, que de tenter d'en faire une.

§ **J**'Apperçois un Anonime, qui féme de tous côtés des Libelles diffamatoires.

Toi qui frappes,
Mords & tapes
En furieux, comme un fecond Ajax,
Et qui te tiens caché *ficut Nicticorax*,
Penfe-tu dérober ta tête
Au jufte châtiment que le deftin t'apprête ?
Après avoir le prochain nafardé ,
Brocardé,
Placardé,
Excédé,
Poignardé.
Tremble, Pigmée outrecuidé ;
Ton arrêt dans le Ciel eft déja décidé :
Tu feras découvert Lundi,
Efpioné Mardi,
Encagé Mercredi,
Interrogé Jeudi,
Condamné Vendredi,
Et pendu Samedi.

§ **A**H que l'Auteur de Z... d'Al... & de M...
va produire de nouveaux chefs-d'œuvres !

Pourfuis, digne Enfant d'Apollon,
Toi qui fais tant de bruit dans le facré Vallon :
Que les neuf Sœurs tous les jours te couronnent ;
Que les chagrins jamais ton ame ne chiffonnent ;
Que les plaifirs deffus toi fe cramponnent ;
Que doux concerts autour de toi fredonnent ;
Que beaux objets fans ceffe te talonnent ;
Que leurs faveurs, coup fur coup, te guerdonnent ;
Que vins choifis tes plaifirs affaifonnent ;

Que Louis-d'or dans tes tiroirs foifonnent ;
Que biftouris jamais ne te chaponnent ;
Que tes cheveux de long-temps ne grifonnent ;
Qu'avant cent ans cloches pour toi ne fonnent.

ʃ O D E

Faite en 1744.

ON dit qu'il faut fuivre les modes ;
Tout Paris convient de ce point.
Puifque chacun crache des Odes,
Pourquoi n'en cracherai-je point ?
Dans la Pindarique Fontaine
Sablons pinte tout d'une haleine ;
Oublions le jus de Noé :
Enyvré de l'eau d'Hypocrène,
Entrons dans la lyrique Arène :
Evoé, Yacc, Evoé.

Vîte, qu'on me felle Pégaze.
Hola ! oh ! Meffer Apollon,
Soufle-moi ta plus vive emphafe.
Et vous, Pucelles d'Hélicon,
Dictez-moi ces mots magnifiques ;
Ces tranfports, ces fougues lyriques,
Ces traits hardis, ces doctes riens ;
Infpirez-moi ces balivernes
Si fuperbes chez les modernes,
Et par fois chez les anciens.

Ouf ! J'entre en fureur. Gare ! gare !
Que d'objets s'offrent à mes yeux !
Je defcens au fond du Tenare,
De-là je vole dans les Cieux :

Prenons garde à la culebute,
Sort trop fréquent pour qui débute.
Sur un si téméraire ton :
Je suis déja près du naufrage :
Evitons, en personne sage,
Le triste sort de Phaéton.

Que dis-je ? D'autre part, la bile
Me fait prendre la plume en main.
Sur les désordres de la Ville
Décochons quelque trait malin :
Je sai qu'en dépit de Minerve,
On est fou d'exercer sa verve,
Qu'on écrit toujours de travers :
Mais je ne saurois plus me taire;
Et puis on dit que la colére
Souvent engendre de bons vers.

Quoi donc ! Dans un lâche silence,
Accablé de Rimeurs naissans,
J'écouterai l'impertinence
Des Antipodes du bons sens !
Loin de moi, Poëtes profanes,
Cerveaux brûlés, stériles crânes;
Allez ramper dans les bourbiers;
Laissez-moi, d'une aîle légére,
Atteindre Malherbe & V . . . .
Du Pinde hauts-justiciers.

Venez, Métaphore à deux faces,
Embellir mon style pompeux :
Hyperbole, sur vos échasses
Elevez mes vers orgueilleux;
En dépit de qui voudroit mordre,
Souflez-moi quelque beau désordre;
Prêtez-moi vos secours puissans :
Que de l'un & l'autre hémisphére,

Laiſſant loin de moi l'Atmoſphére ,
Je vole ſur l'aîle des vents.

✺

Le Livre du Deſtin s'entrouvre '....
Que de projets ambitieux !
Que d'injuſtices je découvre !
Et que d'exploits litigieux !
Tel que du plus haut des montagnes ,
Un fier torrent dans les campagnes
Roule & cauſe un ravage affreux ,
Tel & tel Chicaneur habile
Déſolera Veuve & Pupile ,
Enflé du ſang des malheureux.

✺

Plus clair que dans un Hiérogliphe ,
J'apperçois nos anxiétés :
Ceci n'eſt pas conte apocriphe ,
Mais bien affreuſes vérités.
O ! que de vertus cacochimes !
O ! que de cœurs puſillanimes
Vont couvrir la Terre de maux !
Mais ces Aſpics & ces Couleuvres
Seront , pour guerdon de leurs œuvres ,
Plongés aux Palus infernaux,

✺

Chantez donc la Palinodie ,
Et de vos cœurs noirs & voilés
Débrouillez l'enciclopédie ,
De crainte d'être riſſolés :
Que votre ame paralitique
Ne ſoit plus le Pole Antartique
De l'humaine & divine Loi :
Redoutez l'infernale braiſe :
Ayez parfaite ſindéréſe
De votre Iſcariotte foi.

✺

Ouvrez les yeux, ô pauvres Hères !
Lorgnez les céleftes lambris ;
Des Individus fublunaires
Devenez les plus accomplis :
Cédez à cette noble envie,
Et bonifiez votre vie
Avant votre terme fatal :
Cent revolutions folaires,
En lignes perpendiculaires,
Luiront fur votre vertical.

Pégafe, arrête, je m'abyfme :
Hélas ! je fuis hors des arçons.
Phébus, eft-ce là le fublime
Que cherchent tes faux nourriçons ?
Auffi, que diable allois-je faire,
Dans cette maudite galére ?
Laiffons là ces Carmes bouffis.
Ufons d'un refte de prudence,
Et regagnons en diligence
Notre pauvre petit taudis.

---

§ *Epitaphe de M. l'A ... P ...*

CY gît qui travailla fur cent fujets divers ;
Les Vers le firent vivre, il fait vivre les Vers.

IL eſt tems que je prenne haleine,
Et que je me repoſe un peu.
Adieu, juſqu'à l'année & ſuivante & prochaine,
Ignorans & Savans, adieu

Grace au Ciel, je me trouve au bout de mon rôlet :
C'eſt fait, minon, minet.

Lecteurs, ſi vous êtes contens
De ma petite & folâtre manœuvre,
Applaudiſſez, il en eſt tems ;
La fin couronne l'œuvre.

Et pour vous faire voir qu'en habile garçon :
Je ſai faire mon thême en plus d'une façon,
Plaudite manibus,
Finis coronat opus.

CONCLUSION.

VOus avez entendu tout ce que j'ai prédit ;
Amis profitez-en, c'eſt ce que je ſouhaite.
Tenez-vous chaudement ; dormez toute la nuit ;
Chantez, danſez, buvez, ayez ſanté parfaite.

Je ne fais nul doute qu'il n'y ait nombre de gens
qui ne voudront rien croire de tout ce que j'ai prédit.
Loin de les blâmer, j'avouerai naturellement que je
n'y crois gueres plus qu'eux ; c'eſt pourquoi,

Ecoutez-moi, mortels ; c'eſt ainſi que j'acheve.
Pour conclure en deux mots, par concluſion breve,
Sur Planette, ſur Aſtre, Horoſcope, Aſcendant,
Et ne point de leger conclure à l'aventure,
Je conclus, concluant, concluſitivement, ...
Que je ne conclus rien, de peur de mal conclure.

Si quelqu'un veut ici favoir mon autre nom,
    Quelle eft ma figure & ma race,
Je ne viens point du Grand Agamemnon ;
    On me tient pour affez bonnace.
    Je fuis gras comme un os rongé :
Je touche un Inftrument plus noble que la Vielle ;
Enfin, mon autre nom commence par un G.
    Et finit par une L.

Si le Public m'a fait la grace de lire mon ouvrage jufqu'au bout, je vais tâcher de lui en marquer ma reconnoiffance par ce petit Logogriphe.

Je fuis examiné par de fins connoiffeurs.
      Avec cinq de mes fœurs,
    Ma tête marche la deuxiéme.
Avec tous fes parens elle va la cinquiéme.
    On fe détourne à mon abord.
    A certain friant je plais fort.
Comme un déterminé je fume en ma jeuneffe ;
    Je fuis barbu dans ma vieilleffe..
On me met dans un pot, on me met dans des trous ;
Lieux profonds & voifins de l'Empire des Ombres ;
On me retire après de ces Cavernes fombres.
    Hé bien, Lecteur, y mordez-vous ?

F I N.

APPROBATION.

J'Ai lû par ordre du Grand, du Sublime, du clair-voyant Nostradamus, le préfent Almanach, où j'ai trouvé qu'on peut s'inftruire en s'amufant, & qu'on y rencontre tout à la fois,

    Moralité,
    Plaifanterie,
    Utilité,
    Et raillerie.

C'eſt ce que le bon HORACE appelle fort judi-
cieuſement *utile , dulci.*

Approuvé dans ma grande Salle ;
Sale ,
Ou dans mon petit Cabinet ,
Net ,
Avec attention entiere ,
Telle qu'exige la matiere
D'un ouvrage ſi curieux :
Ouvrage utile à nos derniers neveux ;
Ouvrage inſtructif, admirable ;
Ouvrage rare , ouvrage incomparable ;
Ouvrage ſurpaſſant ceux de l'antiquité ;
Ouvrage qui doit plaire à la poſterité ;
Ouvrage qui doit faire inceſſamment revivre
L'Auteur d'un ſi précieux Livre.
Donc, permis d'imprimer ce Chef-d'œuvre fameux ;
L'an mil ſept cens quarante-quatre & deux.

JE voulois faire un *Errata ;*
Mais ma foi je n'en mettrai jà ,
De crainte que quelque critique
Bourru , ſombre , mélancolique ,
Ne me diſe d'un ton cauſtique ,
Domine ! Sincere *Ego ſum ;*
J'en jure par *bonum vinum :*
Donc, ſi j'en ſuis crû , *ſecundùm,*
Le petit ſentiment *meum ;*
Effacez *Errata* , pour écrire *Erratum.*

Permis d'imprimer le 19 *Décembre* 1744. MARVILLE.

Se vend vingt-quatre ſols en Brochure.
A PARIS,
Chez PRAULT pere, Quay de Gévres.